Fabian Lenk

Detektivrätsel

Zeichnungen von Silvio Neuendorf

Bibliografische Information Der Deutschen Bibliothek
Die Deutsche Bibliothek verzeichnet diese Publikation in der
Deutschen Nationalbibliografie; detaillierte bibliografische Daten
sind im Internet über *http://dnb.ddb.de* abrufbar.

*Der Umwelt zuliebe ist dieses Buch
auf chlorfrei gebleichtem Papier gedruckt.*

ISBN 3-7855-4609-2 – 1. Auflage 2003
© 2003 Loewe Verlag GmbH, Bindlach
Umschlagillustration: Silvio Neuendorf
Gesamtherstellung: L.E.G.O. S.P.A., Vicenza
Printed in Italy

www.loewe-verlag.de

Inhalt

Die Meisterfrage

Es war Punkt acht Uhr. Professor Drehwurm betrat das Klassenzimmer und
brüllte sofort los: „Ruhe! Quatscht auf zu
hören – äh – hört auf zu quatschen! Alle
hinsetzen!"

Die Detektivschüler gehorchten und
rutschten auf ihre Stühle. Frederic und
Tanja saßen nebeneinander in der
zweiten Reihe. Verstohlen grinsten sie
sich an. Die sprachlichen Verdreher ihres
Lehrmeisters waren doch immer wieder
erste Sahne.

Professor Drehwurm ging die Reihen
entlang und musterte jeden Schüler
eingehend. Ein listiges Lächeln umspielte
seine Lippen.

„Heute, meine Lieben", sprach er, „habe
ich euch etwas ganz Besonderes
mitgebracht. Etwas, was euch zu wahren
Meisterdetektiven machen kann. Ich
wiederhole: machen *kann*."

Er erreichte die Tafel und starrte sie an, obwohl dort nichts zu sehen war. Plötzlich fuhr der Professor herum und wedelte mit einem Blatt Papier: „Hier ist es!" Seine Augen blitzten.

„Ich sehe nur ein Stück Papier, Herr Professor", warf Frederic ein.

Einige Schüler kicherten.

Der Professor bedachte Frederic mit einem missbilligenden Blick: „Ich hoffe, du bist nachher immer noch so spitzfindig, mein Freund. Und jetzt: aufgehört und zugepasst! Äh, nein. Passgezut und hörtgeauft! Nein, verflixt! Ruhe jetzt, ich dulde keine Unterbrechungen mehr!"

Der Professor massierte seine Schläfen.

„Passgehört und zugeauft?", feixte Tanja weiter.

Professor Drehwurm verzog das Gesicht, als hätte er gerade in ein Nutella-Senf-Brötchen gebissen.

„Mäßige dich, Tanja! Und nun ohrt die Spitzen – äh – spitzt die Ohren! Ich werde

euch heute nämlich die Meisterfrage
stellen. Und die steht auf diesem Blatt."
Mit einer feierlichen Geste legte der
Professor das Stück Papier auf das Pult
und glättete es. „Wer diese Aufgabe löst,
ist ein wahrer Meisterdetektiv ..."

Dann begann Professor Drehwurm, den
Fall vorzulesen. Er stellte sich wie folgt
dar:

An einem lauen Sommerabend, kurz vor
Mitternacht, hörte Frau Gitta Gehrke
verdächtige Geräusche auf der Straße.

Sie ging auf den Balkon und sah von dort
aus, dass das Schaufenster des Juwelier-
geschäfts Meier eingeschlagen worden
war.

   Ein kleiner, dünner Mann mit Vollbart
stürmte aus dem Geschäft, sprang in
einen Kombi und raste davon. Frau
Gehrke konnte im Licht der Straßenlaterne
noch erkennen, dass das Kennzeichen
des dunklen Fluchtfahrzeugs mit den
Buchstaben DH begann. Frau Gehrke
alarmierte sofort die Polizei, die nur kurz
danach eintraf und Straßensperren
errichtete.

Eine Viertelstunde später hatte die Polizei vier verdächtige Autofahrer aus dem Verkehr gezogen:

 1. Herrn Walter Andermatt, Versicherungskaufmann. Andermatt wurde am Steuer eines dunkelgrauen Kombis mit dem Kennzeichen DH-KL 17 angehalten. Der Verdächtige ist ein Meter achtzig groß, dürr und trägt einen Vollbart.

 2. Herrn Theo Merkle, Kfz-Mechaniker. Merkle fuhr einen schwarzen Kombi mit dem Kennzeichen DH-HL 414. Der Verdächtige ist ein Meter siebzig groß, schlank und hat einen Schnauzbart.

 3. Herrn Theo Ruppert, Uhrmachermeister. Ruppert besitzt einen dunkelblauen Kombi mit dem Kennzeichen DH-AB 578.

Der Verdächtige ist ein Meter sechzig groß, dünn und trägt einen Vollbart.

 4. Herrn Paul Verstappen, derzeit Umschüler. Verstappen saß in einem hellbraunen Kombi mit dem Kennzeichen DH-PK 21. Der Verdächtige ist ein Meter siebzig groß, hager und trägt einen Vollbart.

Der Professor legte das Blatt beiseite und fixierte die Schüler über den Rand seiner Brille: „Na, das ist doch eine nusse Hart, oder?" Er überlegte einen Moment.

Verdattert korrigierte er sich: „Eine harte Nuss, wollte ich natürlich sagen. Wir haben vier Verdächtige. Und tatsächlich ist einer von ihnen der Täter! Also, meine Lieben: Wer von euch ein echter Meisterdetektiv ist, schreibt die richtige Lösung auf ein Papp Stückier – äh – ein Stück Papier und gibt es bei mir ab!"

Tanja und Frederic blinzelten sich zu. Sie kannten die Lösung bereits!

Wer brach im Juweliergeschäft Meier ein?

Der Hundefänger

Es geschah an einem Donnerstag im August. Die Sonne brannte so sehr, dass sogar die Vögel ihre Schnäbel hielten. Die Kirchturmuhr schlug zwölf Mal.

Mona und Paula fuhren gerade auf ihren Mountain-Bikes durch den Park. Monas Dackel Poldi lief neben ihnen her.

„Du hättest Poldi an der Leine lassen sollen", meinte Paula. „Es sind Hunde-fänger in der Stadt unterwegs. Das habe ich heute Morgen in der Zeitung gelesen. Drei Hunde wurden schon gestohlen."

„Hundefänger?" Mona schreckte auf. „Meinst du diese Typen, die Tiere an Labore verkaufen?"

„Ja, genau!"

Mona stieß einen Pfiff aus. „Komm her, Poldi, hierher!", rief sie aufgeregt.

Aber der Dackel kam nicht, sondern verschwand in einem Busch.

Plötzlich hörten Mona und Paula ein

wütendes Kläffen. Dann schrie jemand. Es folgten derbe Flüche und Hundegejaule.

Mona und Paula warfen sich einen Blick zu. So schnell sie konnten, radelten sie zum Gebüsch. Als sie dort ankamen, heulte ein Motor auf. Dann sahen die beiden nur noch, wie ein verbeulter Lieferwagen davonbrauste. Und Poldi? Der war weg!

„Er ist bestimmt in dem Wagen!", sagte Paula verzweifelt.

Sofort nahmen die Mädchen die Verfolgung auf. Dicht über die Lenker gebeugt, rasten sie dem Lieferwagen hinterher. Dabei traten sie so fest in die Pedale, wie sie nur konnten.

Das Auto schleuderte in eine Kurve und bog in eine Nebenstraße ab. An der nächsten Kreuzung steuerte der Wagen nach links. Als Mona und Paula endlich völlig erschöpft an der Kreuzung ankamen, war der Wagen weg. Wie vom Erdboden verschluckt.

Mona kämpfte mit den Tränen: „Armer Poldi! Und ich bin schuld. Ich hätte ihn nie von der Leine lassen dürfen!"

„Heul nicht rum. Lass uns lieber suchen!", ermutigte Paula ihre Freundin.

Schon strampelte sie los. Mona folgte ihr. Die Mädchen durchforsteten die Gegend. Es war zum Verzweifeln: nirgends eine Spur von Poldi ...

Doch gerade, als sie aufgeben wollten, entdeckten sie den verbeulten Liefer-wagen vor einem Reihenhaus!

„Na warte, dem Kerl werde ich es zeigen!", rief Mona entschlossen und stellte ihr Fahrrad ab.

„Langsam", erwiderte Paula. „Das ist ein Fall für die Polizei. Von der Telefonzelle dahinten können wir anrufen."

Drei Minuten später bremste ein Streifenwagen vor dem Reihenhaus. Mona und Paula warteten schon ungeduldig. Die beiden berichteten dem Polizisten sofort, was geschehen war.

„Na, dann wollen wir mal", meinte der und klingelte an der Tür. „Thewald" stand auf dem Klingelschild. Mona und Paula blieben dicht hinter dem Polizisten stehen.

Die Tür schwang auf.

„Polizei? Was wollen Sie?", fragte ein hagerer Mann mürrisch.

„Die Mädchen behaupten, dass Sie einen Hund entführt haben. Und ..."

„Genau, nämlich unseren Poldi! Wir haben es gesehen!", rief Mona dazwischen.

Herr Thewald tippte sich an die Stirn:
„Ich? Du spinnst wohl, du freche Göre.“

„Gehört der Wagen Ihnen?“, wollte der
Polizist wissen.

„Ja. Na und? Das heißt doch noch gar
nichts“, antwortete Herr Thewald.

„Waren Sie heute im Park?", fragte der Polizist weiter.

„Was soll ich denn da? Ich gehe nicht gern spazieren. Und um zwölf Uhr war ich beim Einkaufen."

„Haben Sie dafür Zeugen?", forschte der Polizist nach.

„Die brauche ich nicht", gab Herr Thewald listig zurück. „Denn Sie haben nichts gegen mich in der Hand. Und falls es Sie interessiert: Ich mag keine Tiere. Und schon gar nicht so einen Flohfänger von Hund!"

Der Polizist blies die Backen auf. Er wandte sich zu den Mädchen: „Tja, ohne Beweise kann ich leider nichts machen. Vielleicht habt ihr das Auto verwechselt."

Mona und Paula schüttelten die Köpfe. „Haben wir nicht. Und der Kerl hat sich gerade verraten!"

Weißt du, wodurch sich Herr Thewald verraten hat?

Verräterische Spuren

Linus und Tim liefern sich gerade die
beste, nasseste und frostigste Schneeball-
Superschlacht, die man je im Skiort
Rapolding gesehen hat, als plötzlich
Onkel Bob auftaucht. Schnaufend und
schwitzend kommt er herangestampft —
wie eine überhitzte Dampflok.

„Kinder, es ist so schrecklich!", heult er schon von weitem.

Linus sieht zu Onkel Bob hinüber. Ein Fehler, denn Tim nutzt dies sofort schamlos aus und platziert einen Schneeball direkt auf die Nase seines Cousins.

„Das zahl ich dir heim", zischt Linus.

„Unglaublich, eine Katastrophe!", jammert Onkel Bob erneut. Er kramt ein Taschentuch hervor, das fast die Größe eines Kopfkissenbezuges hat, und wischt sich den Schweiß vom Gesicht. „Ein Einbruch, Jungs", wettert er. „Ein gemeiner, hinterhältiger Einbruch in mein Büro. Und jetzt ist sie weg!"

„Wer ist weg?", fragt Tim.

Linus schleicht sich von hinten an ihn heran und stopft ihm eine bitterkalte Eispackung in den Hemdkragen. Sein Cousin schüttelt sich wie ein nasser Hund.

„Meine Briefmarkensammlung!", meint Onkel Bob.

Tim und Linus winken ab: „Ach so ..."

Onkel Bob stemmt die Hände in die Hüften: „Ihr Banausen! Meine Briefmarkensammlung hat einen ungeheuren Wert!"

Das ist natürlich etwas anderes. Auch wenn sich Tim und Linus kaum vorstellen können, dass man für eine Briefmarke mehr bezahlen soll als das, was darauf steht.

Onkel Bob führt Tim und Linus zum Tatort.

„Der Dieb ist durch dieses Fenster gekommen", erklärt der Onkel. Er deutet auf ein winziges Fenster. Jemand hat es eingeschlagen und konnte so ins Büro gelangen. Draußen vor dem Fenster stoßen Linus und Tim auf frische Spuren im Schnee. Es handelt sich um Schuh-abdrücke.

„Mann, der hatte aber Quadratlatschen", stellt Linus fest. Tim holt Papier und Stift aus Onkel Bobs Büro und zeichnet den Schuhabdruck genau ab.

Dann folgen die beiden Cousins der Spur. Sie führt zum offenen Kellerfenster eines Skihotels. „Das scheint ein Trocken-raum zu sein", mutmaßt Linus.

Hier stehen jede Menge Schuhe. Linus und Tim schlüpfen durch das Fenster in den Raum und vergleichen die Schuhe mit ihrer Zeichnung. Ein schwarzes und ein braunes Paar stimmen mit ihrer Skizze überein. Beide haben die Größe 46.

„Komm, wir verstecken uns hinter der Heizung. Mal sehen, wem die Treter gehören", schlägt Linus vor.

Eine halbe Stunde vergeht. Dann kommt ein dicker Mann in den Trockenraum.

Linus und Tim machen sich so klein wie möglich. Sie spähen hinter dem Heizungskessel hervor. Da! Der Dicke nimmt die braunen Schuhe in Größe 46! Er prüft, ob sie trocken sind, zieht sie an und verschwindet.

Nur fünf Minuten später betritt wieder ein Mann den Raum. Er ist klein und sehr dünn. Der Mann sucht den Boden mit den Augen ab.

Die Herzen der Kinder klopfen so laut, dass sie Angst haben, man könnte sie hören.

Der Dürre schnappt sich die schwarzen Schuhe und macht auf dem Absatz kehrt.

Linus und Tim schauen sich an.

„Glaubst du, was ich glaube?", fragt Linus seinen Cousin und lächelt.

„Hhm, ja. Ich denke, wir werden uns eine Belohnung sichern können", erwidert Tim und lächelt ebenfalls. „Davon können wir uns dann ja ein Eis kaufen ..."

Linus nickt: „Prima Idee. Und damit reibe ich dich dann ein."

Wen haben Linus und Tim in Verdacht?

Die schwarze Fee

Wenn meine Eltern und ich bei unseren
Nachbarn, den Senkelbeins, eingeladen
sind, bedeutet das für mich eigentlich
immer Ärger. Das liegt an ihrer Tochter
Pamela. Sie ist wie ich acht Jahre alt und
kann mich nicht leiden. Ich sie im Übrigen
auch nicht. Unsere Eltern trinken Kaffee
und Likör, stopfen sich mit Sahnekuchen
voll und tauschen alle möglichen
Nettigkeiten aus. Und Pamela und ich
machen das, was wir immer machen: Wir
streiten uns.

Pamela steht breitbeinig vor dem Tor zu
einem alten, windschiefen Schuppen in
der hintersten Ecke ihres Gartens und

grinst. „Da drinnen haust die schwarze Fee", sagt sie. „Sie ist meine Freundin und bitterböse. Die schwarze Fee kann Mistkröten wie dich verhexen."

„Ich glaub dir kein Wort. Zeig mir doch mal deine komische Fee!", erwidere ich wenig beeindruckt.

„Geht nicht", meint Pamela. „Die schwarze Fee schläft tagsüber. Nur um Mitternacht kommt sie für eine Stunde aus ihrem Versteck."

Ich winke ab: „So einen Quatsch kann sich auch nur ein rübennasiger Pfannkuchenkopf wie du ausdenken."

Pamela verschränkt die Arme vor der Brust. „So? Dann geh doch mal nachts in den Schuppen. Aber das traust du dich ja doch nicht."

Ich überlege. Im Dunkeln in diesen gruseligen Verschlag gehen? Kein schöner Gedanke. Aber was sein muss, muss sein! Also sage ich ganz locker: „Geritzt! Gleich heute Nacht."

Pamela kneift die Augen zusammen: „Du musst aber etwas im Schuppen hinterlegen, damit ich weiß, dass du da warst!"

Ich deute auf mein Kettchen und nicke.
Pamela freut sich: „Die schwarze Fee wird dich verhexen. Vielleicht in ein dickes Stinktier! Oder in eine Glibberglabber-Qualle!"

Es ist kurz vor Mitternacht. Vorsichtig
öffne ich das Fenster in meinem Schlaf-
zimmer und schlüpfe hinaus. Ich trage
meinen Trainingsanzug und Turnschuhe.
Sofort bereue ich meinen Entschluss, in
diesen blöden Schuppen zu gehen, denn
es ist ganz schön kalt draußen. Aber es
gibt kein Zurück mehr! Ich pirsche mich
zum Gartenzaun der Senkelbeins und
schwinge mich darüber. Rasch überquere
ich den Rasen. Und da ist er, der

wackelige Schuppen. Ich werfe einen
Blick über die Schulter. Es ist niemand zu
sehen. Langsam drücke ich die Klinke der
Schuppentür herunter. Es quietscht
fürchterlich. Ich zähle leise bis zehn. Dann
stoße ich die Tür auf. Feuchte Luft und
modriger Geruch schlagen mir entgegen.

   Mir kommt es vor wie in einer Gruft.
Etwas fliegt dicht an meinem Kopf vorbei.
Ich unterdrücke einen Schrei. Sicher ist
das nur eine Fledermaus gewesen.

Schritt für Schritt schiebe ich mich weiter in den Raum, bis in die hinterste Ecke, wo ein Tisch steht. Dort lege ich schnell das Kettchen ab und drehe mich um. „Nichts wie raus hier!", denke ich. In diesem Moment kracht die Tür zu. Ich höre, wie ein Schlüssel herumgedreht wird, gefolgt von einem schrecklichen Lachen. So ein Mist, ich bin eingeschlossen!

„Hab ich dich, du kleines Biest!", krächzt eine Stimme hinter mir.

Ich fahre herum und erstarre. Eine Gestalt, ganz in Schwarz, mit einem breitkrempigen Hut und einem weiten, wallenden Umhang, steht vor mir. Das Gesicht ist unter einem Schleier verborgen – die schwarze Fee!

„Ich habe heute Nachmittag gehört, wie du alte Kröte meine Freundin Pamela beleidigt hast. Das wirst du mir büßen!", sagt sie mit ihrer seltsam schrillen Stimme, die klingt wie eine schlecht gelaunte Kreissäge.

Ich zögere. Irgendetwas stimmt hier nicht! Meine Gedanken überschlagen sich.

Die schwarze Fee fährt fort: „Zur Strafe wirst du drei Wochen lang Pamelas Hausaufgaben machen, ihr Fahrrad putzen und sie nie wieder einen rübennasigen Pfannkuchenkopf nennen, hast du verstanden?"

Plötzlich muss ich schallend lachen. „Von wegen!", pruste ich. „Gar nichts werde ich tun. Und jetzt hör auf mit dem Theater. Ich hab dich nämlich durchschaut, Pamela Senkelbein!"

Wodurch hat sich Pamela verraten?

Die Luft ist raus!

Der Schrei kommt vom Garagenhof. Pia unterbricht sofort das Volleyballspiel mit ihren Freundinnen und sieht nach, was geschehen ist. Mit bleichem Gesicht steht ihr Bruder Mats vor seinem Moped und stammelt: „Schau dir die Reifen an!"

Mats liebt sein Moped über alles. Seine Liebe geht sogar so weit, dass Mats ihm den Kosenamen Moppel gegeben hat. So würde Pia noch nicht einmal ihr Kaninchen nennen.

Beide Mopedreifen sind platt wie eine Flunder. Der Gummi ist an einigen Stellen aufgerissen. Keine Frage, jemand hat Moppels Reifen zerstochen.

Mats ballt die Fäuste: „Wenn ich den kriege, mach ich Konfetti aus ihm!"

„Bleib ruhig, das bringt nichts", meint Pia. „Wir sollten lieber die Polizei rufen."

Also begleitet Pia ihren geknickten Bruder in die Wohnung der Eltern. Als sie zum Telefonhörer greifen will, sieht sie, dass das grüne Lämpchen des Anruf-beantworters blinkt. Pia drückt die Wieder-gabetaste.

Erst ist ein Rauschen zu hören, dann folgt leise das Zwitschern eines Vogels, und schließlich sagt eine merkwürdig verzerrte Stimme: „Hähä! Jetzt ist es vorbei mit dem Mopedfahren, nicht wahr? Jetzt ist Schluss mit dem Lärm, der den Nachbarn den letzten Nerv raubt, hähä!"

Es knackt. Die Aufnahme ist zu Ende.

„So eine Gemeinheit!", ruft Mats. „Der macht sich auch noch über mich lustig!"

Pia überlegt: „Zu dumm, dass man die Stimme nicht zuordnen kann. Es ist ja noch nicht mal zu hören, ob eine Frau oder ein Mann angerufen hat."

Mats wählt die Telefonnummer der Polizei.

„Sie schicken eine Streife vorbei. Aber es kann eine halbe Stunde dauern", sagt er, nachdem er aufgelegt hat.

„Ganz schön lang", meint Pia. „Wir sollten die Zeit nutzen. Vielleicht hat ja jemand etwas gesehen. Lass uns die Nachbarn vom Haus gegenüber befragen. Deren Fenster gehen doch zum Garagen-hof hinaus."

Fünf Minuten später stehen Pia und Mats vor der ersten Tür. Dort lebt eine Frau Günter. Als sie öffnet, dröhnt aus der Wohnung das Geräusch eines Staub-saugers in das Treppenhaus.

„Ich habe nichts gesehen", sagt Frau Günter schnell. „Ich putze gerade. Da hab ich keine Zeit, aus dem Fenster zu

schauen." Sie sieht Mats an: „Tja, die
Sache mit dem Moped ist ärgerlich, was?
Andererseits hat das Ding wirklich
schlimmen Krach gemacht!"

Pia und Mats versuchen es bei der
nächsten Wohnung. Hier öffnet Frau Seitz.
Im Hintergrund ist lautes Kindergeschrei
zu hören.

„Die Reifen wurden zerstochen?",
erschrickt Frau Seitz. „Meine Güte! Ich
war in der Küche und habe meinen
Rackern etwas gekocht. Da habe ich
nichts Verdächtiges bemerkt."

„Ich hab's doch gleich gewusst", meint Mats zu seiner Schwester, als sie Frau Seitz verlassen haben. „Es bringt nichts."

Das lässt Pia nicht gelten: „Du gibst zu schnell auf." Mit diesen Worten stiefelt sie ein Stockwerk höher und drückt den nächsten Klingelknopf.

Ein unrasierter Mann namens Karl Karg öffnet die Tür und sieht Mats und Pia müde an: „Müsst ihr um diese Uhrzeit bei mir schellen?" Irgendwo hinter ihm zwitschert ein Vogel.

„Aber es ist doch mitten am Tag", erwidert Pia.

„Für euch vielleicht! Aber ich habe Nachtschicht. Was wollt ihr denn?", fragt Herr Karg und gähnt.

Pia wiederholt die Frage, die sie auch den beiden Frauen gestellt hat.

„Nein, ich hab nichts mitbekommen. Und jetzt lasst mich in Ruhe schlafen! Auf Wiedersehen!", gibt der Mann zurück und knallt die Wohnungstür zu.

Mats zieht Pia am Ärmel: „Lass uns gehen. Die Polizei kann jeden Moment kommen."

„Ein letzter Versuch noch", entgegnet Pia. Sie bimmelt bei Herrn Jakobson.

Ein junger Mann mit Wuschelkopf öffnet die Tür, begleitet von harten Techno-Klängen.

„Waaas?", fragt er verständnislos, als er hört, was geschehen ist. „Das Moped ist kaputt? Schweinerei!" Herr Jakobson zieht ein Buch unter dem Arm hervor. „Ich habe die ganze Zeit gelernt. Das Studenten-leben ist hart, wisst ihr? Deshalb habe ich nichts mitbekommen." Dann blickt er Mats an: „Dir gehört also die Maschine? Muss ja ein echtes Höllengerät sein, so laut, wie die ist. Der Lärm nervt manchmal schon ganz schön. Ich muss dann mal wieder. Macht's gut!"

„Eine Schnapsidee war das von dir", faucht Mats seine Schwester auf dem Rückweg an.

Pia antwortet nicht. Sie ist in Gedanken versunken. Plötzlich bleibt sie stehen: „Von wegen Schnapsidee! Ich glaub, ich weiß, wer deine Reifen zerstochen hat!"

Welchen der vier Bewohner verdächtigt Pia?

Der *Rote Drache*

„Ich bin am Boden zerstört!" Lord Diddy Dasselwassel, der berühmteste Detektiv der Welt, hockte vor einer leeren Vitrine, in der ein kleines, blaues Samtkissen lag. Normalerweise glitzerte auf diesem Kissen ein feuerroter, sehr wertvoller Rubin, der *Rote Drache*.

Doch jetzt war der Edelstein verschwunden. „Man hat ihn uns gestohlen! Ist das nicht schrecklich?", jammerte der Lord und schaute dabei seinen Sohn Dillon an.

Der rieb sich sein Kinn. Ob diese Tatsache schrecklich war? Nun ja, Dillon fand sie eher peinlich. Denn immerhin war der *Rote Drache* aus dem Haus des berühmtesten Detektivs aller Zeiten gestohlen worden. Jetzt gab es nur noch eines, um die Familienehre zu retten: Der *Rote Drache* musste wieder her, ohne dass jemand von dem Diebstahl erfuhr – weder die Polizei noch die Öffentlichkeit.

Dillon brachte seinem Vater erst einmal dessen Pfeife. Dann sagte er ruhig, aber bestimmt: „Wir werden den Diebstahl aufklären, Papa!"

Lord Dasselwassel blickte hoch: „Wir?"

„Aber natürlich!", rief Dillon. „Ich werde dir helfen. Also: Was würdest du, großer Detektiv, normalerweise als Erstes tun, um den Fall zu lösen?"

Lord Dasselwassel schaute seinen Sohn verständnislos an.

„Aufwachen, Papa! Hier spielt die Musik!", rief Dillon und klatschte in die Hände. „Oder willst du, dass wir den *Roten Drachen* nie wieder sehen?"

Der Lord zog dreimal kurz an seiner Pfeife und blies den Rauch aus. „Hhm", machte er. Und dann sagte er noch einmal: „Hhm."

Als sich der Pfeifenrauch lichtete, sah Dillon ein verschmitztes Lächeln im Gesicht seines Vaters. Die Lebensgeister waren wieder erwacht!

„Lektion eins: Wir müssen den Tatort unter die Lupe nehmen", meinte der Lord und begann mit der Arbeit. „Die Vitrine ist durch eine Alarmanlage geschützt. Die ging aber nicht an. Also muss sie der Dieb außer Gefecht gesetzt haben. Vielleicht hat er die Sicherung lahm gelegt!"

Lord Dasselwassel hatte richtig vermutet. Im Schaltkasten für die Alarm-anlage war ein Draht durchtrennt worden. Die Augen des berühmtesten Detektivs der Welt leuchteten.

„Nun folgt Lektion zwei, mein Sohn", sprach er feierlich. „Ich werde Personen befragen, die im Haus waren, als die Tat geschah. Es könnten Zeugen darunter sein. Ich fange mit dem Personal an. Wenn ich das richtig im Kopf habe – und daran habe ich nicht die geringsten Zweifel –, sind heute der Koch, der Gärtner und der Fahrer anwesend."

Lord Dasselwassel begann, im Raum auf und ab zu gehen.

„Womöglich ist aber auch einer dieser drei Angestellten der Täter. Denn der Schurke muss sich gut im Haus aus-gekannt haben. Schließlich wusste er, wo sich der Schaltkasten für die Alarmanlage befindet."

„Darf ich bei den Verhören dabei sein?", fragte Dillon hoffnungsvoll.

Sein Vater schüttelte den Kopf: „Nein, mein Junge. Das hier ist kein Spiel."

Mit dieser Entscheidung seines Vaters
war Dillon überhaupt nicht einverstanden.
Beleidigt umrundete er zweimal die Villa.
Aber nirgendwo stieß er auf Einbruchs-
spuren. Wie langweilig! Schließlich kam
Dillon zur Garage, in dem der Wagen
seines Vaters parkte. Davor standen zwei
Putzeimer. Aber vom Fahrer keine Spur!
An die Garage schloss sich ein Gewächs-

haus an. Der Arbeitstisch des Gärtners
war tipptopp aufgeräumt. Kein Blättchen
lag herum.

Dillon ging zurück in die Villa. Schon von
weitem empfing ihn ein feiner Bratenduft.
Er spähte in die Küche. Auch hier war
niemand, aber aus dem Ofen drang eine
verführerische Duftwolke.

Schließlich lief Dillon zurück in den Salon.

„Komm ruhig herein, ich bin gerade fertig mit den Verhören", empfing ihn Lord Dasselwassel erschöpft. „Ich bin aber leider nicht weitergekommen. Alle drei Angestellten gaben an, dass sie gerade mit ihrer Arbeit beschäftigt waren, als der *Rote Drache* gestohlen wurde.

Der Fahrer hat in der Garage den Wagen poliert, der Gärtner stellte im Gewächshaus gerade einen Frühlingsstrauß zusammen, und der Koch bereitete in der Küche einen Lammbraten zu." Missmutig stopfte Lord Dasselwassel seine Pfeife. „Ich fürchte, wir müssen doch die Polizei rufen. Was für eine Schande!"

Dillon kratzte sich am Kinn. „Oder wir gehen zu Lektion drei über", schlug er vor.

„Lektion drei?", fragte sein Vater überrascht.

„Ja, Lektion drei: Wir überführen den Täter. Ich glaube, du solltest dich mit einem der drei Herren noch einmal unterhalten!"

Wer steht in dringendem Verdacht, den Roten Drachen gestohlen zu haben?

Lösungen

Die Meisterfrage (Seite 9–15)

Es war Theo Ruppert. Er ist der Einzige, auf den alle Merkmale zutreffen (dünn, klein, Vollbart, dunkler Kombi, Kennzeichen mit den Buchstaben DH am Anfang).

Der Hundefänger (Seite 16–22)

Herr Thewald sagte, dass er um zwölf Uhr beim Einkaufen war. Den Zeitpunkt, zu dem Poldi entführt wurde, hatte aber niemand erwähnt. Übrigens: Poldi war tatsächlich im Keller von Herrn Thewald. Er konnte unverletzt befreit werden.

Verräterische Spuren (Seite 23–30)

Linus und Tim verdächtigen den kleinen, dünnen Mann, der die schwarzen Schuhe nahm. Der Dieb ist durch ein winziges Fenster in Onkel Bobs Büro eingebrochen. Dazu wäre der dicke Mann, der die braunen Schuhe nahm, nicht in der Lage gewesen.

Die schwarze Fee (Seite 31–38)

Laut Pamela spukt die schwarze Fee nur um Mitternacht im Schuppen. Wie kann sie dann wissen, dass Pamela einige Stunden zuvor als „rübennasiger Pfannkuchenkopf" bezeichnet wurde? Diese Bemerkung fiel, als die schwarze Fee doch angeblich schlief!

Die Luft ist raus! (Seite 39–47)

Pia hat Karl Karg in Verdacht. Auf dem Anruf-beantworter ist im Hintergrund das Zwitschern eines Vogels zu hören. Als Pia und Mats Herrn Karg besuchen, ist aus dessen Wohnung ebenfalls ein Vogelzwitschern zu hören.

Der Rote Drache (Seite 48–57)

Lord Diddy Dasselwassel sollte dem Gärtner noch einmal auf den Zahn fühlen. Der gab nämlich an, er habe im Gewächshaus einen Frühlingsstrauß zusammengestellt. Als Dillon dort vorbeikam, war der Arbeitsplatz aber perfekt aufgeräumt – kein Blatt lag herum. Also hat der Gärtner gelogen.

Fabian Lenk wurde 1963 in Salzgitter geboren. Der Musik-, Brettspiele- und Fußball-Fan studierte in München Diplom-Journalistik und ist seitdem als Redakteur tätig. Er hat seit 1996 zahlreiche Kriminalromane und Kinderbücher veröffentlicht. Fabian Lenk lebt mit seiner Frau und seinem Sohn in der Nähe von Bremen.

Silvio Neuendorf, 1967 in Düren geboren, studierte Design in Aachen und illustriert seit 1995 Bücher für Kinder und Erwachsene. Sein Lieblingsmotiv ist ein kleines Nashorn, das er in jedem seiner Bücher versteckt. Silvio Neuendorf lebt mit seiner Frau und seinem Sohn auf einem Bauernhof bei Aachen.

Leselöwen

Jede Geschichte ein neues Abenteuer

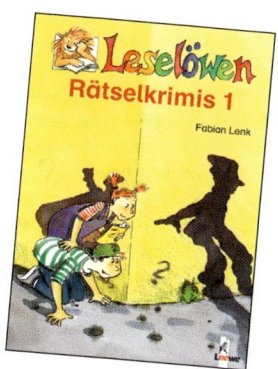

Loewe

~ 1,75 m